V. JACQUEMONT DU DONJON

SECRÉTAIRE-GÉNÉRAL

LE

BIEN DE FAMILLE

PARIS

G. MASSON, ÉDITEUR, LIBRAIRE DE L'ACADÉMIE DE MEDECINE

20, boulevard Saint-Germain

1896

Cette Étude a paru sous forme d'article dans le numéro du 11 mai 1896, du Moniteur du Puy-de-Dôme.

V. JACQUEMONT DU DONJON

SECRÉTAIRE-GÉNÉRAL

LE

BIEN DE FAMILLE

PARIS

G. MASSON, ÉDITEUR, LIBRAIRE DE L'ACADÉMIE DE MEDECINE

20, boulevard Saint-Germain

1896

LE

BIEN DE FAMILLE

Dans le torrent de réformes contingentes que charrie le dix-neuvième siècle à son déclin, il en est une que la science économique envisage avec une attention toute particulière ; il s'agit du *Homestead* ou *Bien de famille*.

Beaucoup de bons esprits l'ont étudié et prôné. Je dois citer au premier rang MM. Yves Guyot, Léon Donat, ce grand remueur d'idées, Levasseur, Corniquet et, au Parlement, MM. Léveillé, Hubbard, l'abbé Lemire : hommes d'opinions fort différentes, mais que la passion du bien public a groupés autour d'une même cause. La Société des Agriculteurs de France, si elle ne l'a pas adopté, a du moins pris en considération un vœu de M. de la Bouillerie touchant la création d'un régime protecteur spécial, garantissant l'existence de la petite propriété par l'insaisissabilité.

Le Homestead ou *Bien de famille*, et je ne me servirai désormais que de cette dénomination française, est un bien insaisissable. Ce sont des terres ou immeubles ou tous les deux que par un acte légal leur propriétaire soustrait à toute poursuite hors celles du fisc.

Les États-Unis et différents États américains, la Suisse, l'Allemagne, en ont adopté le principe en variant son application suivant leurs besoins. Les avantages qu'on accorde généralement à cette exemption sont évidents, partout elle a donné des résultats pleinement satisfaisants ; on la considère en Amérique comme l'une des bases de l'édifice social.

Rivant au sol d'une manière indissoluble l'agriculteur, elle crée une classe stable, portée au travail et à l'économie par ce sentiment de sécurité que lui donne la certitude d'un toit familial.

Si j'ai dit « l'Agriculteur » c'est que je vois moins bien pour le citadin les avantages de l'exemption. En dehors des difficultés provenant de l'élévation du prix des terrains et de la construction il se trouverait lié à tel quartier de la ville alors que ses travaux ou ses affaires pourraient l'en appeler fort loin. J'ai vu, non pas une mais plusieurs fois, des ouvriers, des mineurs s'étant avec beaucoup de peine rendus possesseurs d'une petite maison et qui tout à coup s'en trouvaient fort embarrassés, l'industrie ou la mine qui les faisaient vivre dans la localité ayant failli ou émigré en d'autres lieux. Et puis les ouvriers, les artisans ont des caisses de retraite, des assurances contre l'accident, des sociétés coopératives, ensemble protecteur que n'a pas l'homme des champs. Pour toutes ces raisons, je n'envisage que le *Bien de famille rural* auquel je reviens.

Revêtirait-il un caractère exceptionnel et contraire à notre législation ? Pas le moins du monde. La rente est insaisissable, une donation peut l'être ; une clause d'insaisissabilité insérée dans un testament est toujours reconnue valable par les tribunaux.

Son utilité naît de l'intérêt qui s'attache au développement et à la protection des petites propriétés. On a dit avec raison que les pays où la culture est la plus avancée sont en général ceux où dominent les petites propriétés. La petite culture donne aujourd'hui le résultat le plus proche du but idéal, c'est-à-dire le maximum de rendement avec le minimum de frais. Elle pousse à l'exploitation *intensive* par le zèle et l'ardeur du possesseur, en principe ce dernier n'ayant point de domesticité et la famille étant plus ardente au travail que des serviteurs.

Je n'insiste pas sur les avantages moraux et politiques que présentent pour une nation une classe compacte de petits propriétaires ; c'est un élément d'ordre social, un gage de pondération dans les conceptions politiques, le sentiment fortifié de la Patrie.

Des appréciations très différentes évaluent le chiffre nécessaire au *Bien de famille*. Sera-ce la *surface de travail* ou surface qui occupera suffisamment une famille de cultivateurs ou sera-ce la *surface d'entretien* qui procure à une famille exactement ce qu'il lui faut ? Je ne veux pas me prononcer nettement dans cette délicate question ; il me semble que sa résolution tient à des considérations qui changent avec le pays et la composition de la famille. Certains, comme M. Hubbard, l'ont fixé à 30,000 fr.; dans le Maryland, il ne couvre que 100 dollars. Il est clair, comme je le disais tout à l'heure, que ce qui est suffisant dans un Etat d'Amérique peut ne pas l'être en Allemagne ou en France.

L'obligation d'habiter et de cultiver le *Bien de famille* est si naturelle qu'elle ne se discute même pas. Le but poursuivi est de donner la sécurité à des gens laborieux et non point de fournir une retraite inexpugnable à des paresseux ou à de mauvais payeurs.

Les formalités préalables pour la constitution d'un *Bien de famille* doivent être simples : déclaration à la mairie et au bureau des hypothèques.

L'insaisissabilité ne saurait avoir d'effet contre les créances antérieures à la déclaration, mais elle privera son bénéficiaire de l'hypothèque tout en lui permettant la vente.

Des objections appréciables ont été soulevées contre le *Bien de famille*. Le protégé aliénerait dans une certaine mesure sa liberté et se priverait de tout crédit. Il est bien certain que dans les conditions d'exemption où se place le détenteur d'un *Bien de famille* il faut qu'il inspire une absolue confiance au prêteur pour en obtenir des capitaux que rien ne gage. C'est précisément cette condition de confiance qui, sans être un obstacle pour l'honnête homme dont on n'aura qu'à louer la régularité sera une barrière infranchissable pour les gens connus comme faibles, imprévoyants ou téméraires ; mais ces derniers seront du moins à l'abri de l'hypothèque si funeste aux cultivateurs et de l'usurier de village plus redoutable encore.

Résumons-nous :

L'exemption légale accordée au domicile nous apparaît comme un facteur reconstituant de l'équilibre économique rompu au détriment des ruraux. Son adoption par un grand nombre de pays d'intérêts et d'aspirations très divers, les résultats qui l'ont suivie nous convient à tenter une expérience qui n'a rien que d'honorable. Nous ne proposons point de système idéal, nous nous bornons à suggérer une méthode. Que nos législateurs autorisent par un vote la création du *Bien de famille ;* l'épreuve n'engagera que ceux qui la tenteront, apportera la lumière et vaudra tous les discours.

Cette loi ne pourra s'appliquer qu'à un chiffre très restreint de départements agricoles pour une période relativement courte ; législation temporaire fixant à l'erreur, si erreur il y a, une double limite dans l'espace et dans le temps, elle constituera une sincère enquête expérimentale.

Et si elle est concluante rien n'empêchera le Gouvernement de faire jouir le pays tout entier des bienfaits de l'institution nouvelle.

Clermont-Fd. — Imp. G. Mont-Louis.